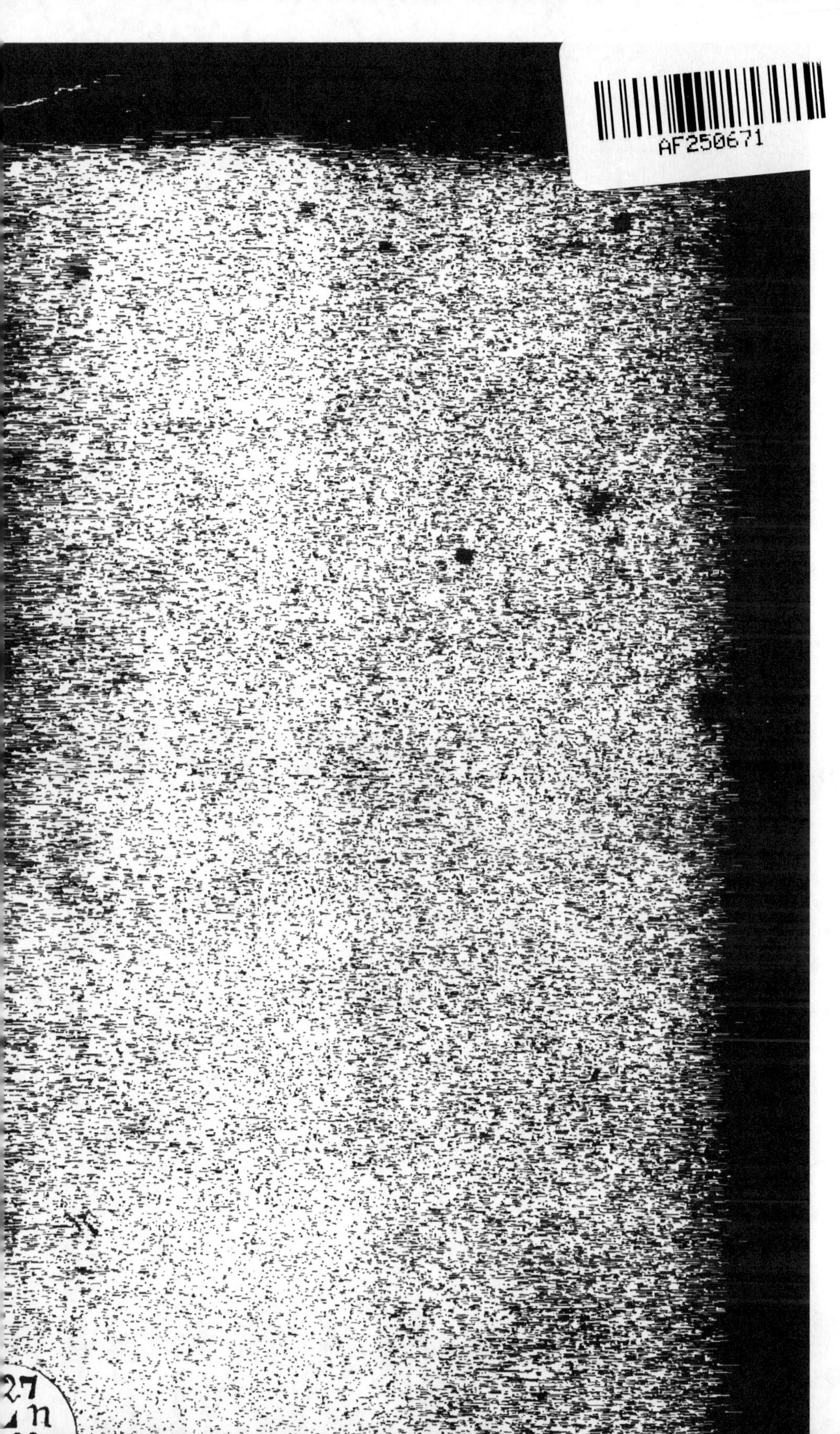
AF250671

NOTICE BIOGRAPHIQUE

SUR

EUGÈNE DE VIC,

HYDROSCOPE,

PRÉCÉDÉE

DE QUELQUES CONSIDÉRATIONS SUR L'HYDROSCOPIE,

Ouvrage utile à MM. les Propriétaires

AUXQUELS IL EST DÉDIÉ.

AUCH,

J.-A. PORTES, IMPRIMEUR DE LA PRÉFECTURE.

—

1856.

NOTICE BIOGRAPHIQUE

SUR

EUGÈNE DE VIC,

HYDROSCOPE,

PRÉCÉDÉE

DE QUELQUES CONSIDÉRATIONS SUR L'HYDROSCOPIE,

Ouvrage utile à MM. les Propriétaires

AUXQUELS IL EST DÉDIÉ.

Les sources et les fontaines sont d'un incontestable intérêt pour les habitants des campagnes qui voient en elles un trésor précieux ; elles leur servent, en effet, non seulement à arroser les champs et les prés, à abreuver leurs bestiaux, mais elles fournissent encore à tous leurs besoins. Placées ordinairement dans des vallons, ombragées par des arbres qui croissent sur leurs bords, perpétuellement rafraîchies par l'eau nouvelle qui y afflue sans cesse, animées par le chant des oiseaux qui viennent y chercher, et un abri contre le soleil, et une eau limpide pour se désaltérer et s'y baigner. Communément, les sources et les fontaines sont des endroits si charmants, qu'il n'est pas étonnant que l'imagination des poëtes anciens les ait considérées comme des lieux consacrés par la puissance d'une divinité bienfaisante.

L'utilité de l'eau et les agréments qu'elle procure n'ayant pas besoin d'être démontrés, sa présence sous la terre en grandes nappes ou en courants n'étant pas non plus ignorée, on comprend que, de tout temps, les efforts des agriculteurs aient tendu à connaître les parties de leurs terrains recouvrant ces trésors cachés. La difficulté était de posséder une méthode certaine pour se guider dans ces recherches. Plusieurs systèmes ont été proposés, nous les exposerons rapidement.

I.

Celui qui a réuni le plus de suffrages est celui dont la base repose sur l'inspection des lieux et sur l'étude de la nature.

On sait, en effet, que les sources viennent, en général, des lieux élevés ; plus un pays est montagneux, plus elles y sont fréquentes. Enfin, plus les montagnes sont élevées, plus elles sont abondantes. Si l'on en trouve dans la plaine, presque toujours elles sont dues à l'écoulement de lieux plus élevés.

La nature du terrain a aussi son importance. Un terroir de craie ne fournit que très peu d'eau, et elle n'est même jamais de bon goût. Dans le sable mouvant, on n'en trouve qu'une très petite quantité. Dans la terre noire, solide, non spongieuse, elle est plus abondante. Les sources qui se trouvent dans une terre sablonneuse, semblable à celle qui se voit au bord des rivières, sont aussi fort bonnes, mais peu abondantes. Elles le sont davantage dans le gros sablon, dans le gravier vif ; elles sont excellentes dans la pierre rouge.

Si, sous des couches de terre, de sable ou de gravier, on aperçoit un lit d'argile, de marne ou de terre fraîche et compacte, on rencontre bientôt infailliblement une source ou des filets d'eau.

Il faut, en outre, faire attention à la situation des lieux et à leur aspect. Au pied des montagnes, parmi les rochers, les cailloux, les sources sont plus abondantes, plus fraîches, plus salubres et plus communes que partout ailleurs.

Enfin, diverses plantes, par leur présence, indiquent toujours presque infailliblement la présence de l'eau.

Tel est, en abrégé, le système qui se base sur l'étude et l'inspection des lieux ; tels sont les seuls renseignements qu'il a pu fournir jusqu'à ce jour. Ils sont trop incomplets pour donner des certitudes ; leur emploi est, sinon difficile, du moins sujet à de nombreuses variations. L'on sait, d'ailleurs, par expérience que ce système, couronné quelquefois par le succès, n'a amené souvent que de fâcheuses déconvenues.

II.

Depuis le XIe siècle de l'ère chrétienne, les savants ont été partagés sur la confiance qu'il fallait accorder à la baguette divinatoire. D'après les partisans de ce système, le magnétisme jouerait ici le principal rôle. Une espèce de courant électrique s'établirait entre le bois desséché et les amas d'eau sur lesquels l'expérimentateur le fait passer. Nous ne rappellerons pas tout ce qui a été dit et écrit à ce sujet. Le plus fameux de ceux qui ont employé cette baguette, Jacques Aymar, paysan de Saint-Véran, en Dauphiné, suivit, à ce qu'on dit, en

1692, pendant plusieurs jours et à travers un voyage de plus de 70 lieues, un meurtrier, qu'il finit par atteindre et faire découvrir. Comme on le voit, la baguette n'a pas pour seule spécialité de découvrir des sources. Aussi laisserons-nous le débat continuer entre ses détracteurs et ses chauds partisans, parmi lesquels elle s'honore de compter Formey, l'un des collaborateurs de la grande *Encyclopédie* du viii* siècle, et le docteur Ritter, membre de l'académie de Munich.

III.

Mais on nous permettra de nous arrêter plus longtemps sur ces hommes qu'une sensibilité nerveuse plus exquise, qu'un tempérament spécial conduisent seuls et comme providentiellement à la découverte des sources. Ces hommes ne peuvent, en effet, passer sur un cours d'eau sans sentir tout leur système nerveux ébranlé. La science n'a pas osé se prononcer ouvertement contre eux ; car, dit M. Biot (*Biographie Michaud*, tom. 1er., p. 351), « il est impossible qu'il s'échappe des corps « fluides ou métalliques des émanations qui agissent sur le « système nerveux de certains individus, de manière à les « avertir de la présence de ces substances. »

C'est à cette catégorie d'individus qu'appartient M. Eugène DE VIC.

Enfant de la campagne, né dans le département de l'Aveyron, et occupé dès son bas-âge aux travaux des champs, son esprit observateur ne tarda point à être frappé d'un fait singulier qui se produisait dans son organisme. Chaque fois qu'il passait à certains endroits, tout son être était saisi de frissonnements singuliers. Ne sachant à quoi attribuer ces effets extraordinaires, il résolut d'en avoir bientôt le cœur net. Marquant donc chacune des places où il ressentait d'habitude ces commotions, il y pratiqua des fouilles ; à chaque endroit et à une très petite profondeur, il rencontra de l'eau vive. Le mystère n'en était plus un : c'était la présence de l'eau qui agissait sur tout son système nerveux.

Dès ce moment, l'avenir de M. DE VIC était décidé. Il allait mettre au service de l'humanité le don qu'il avait reçu de Dieu. Sa mission était de répandre des bienfaits partout sur son passage, en fécondant des terres auparavant arides, en donnant pour ainsi dire la vie à des champs jusque là stériles et improductifs. On ne peut pas dire, en effet, que ce soit l'intérêt qui le guide, car il ne perçoit qu'une modique somme par source indiquée, à peine de quoi couvrir ses frais de déplacement ; encore, sa probité le porte-t-elle à laisser entre les mains des propriétaires une quittance de la somme payée, et qu'on peut lui réclamer, si sa perspicacité s'est trouvée en défaut. Il est vrai qu'il ne redoute guère ce dernier danger.

Son mode de procéder est des plus simples. Il se rend sur le champ, et le parcourt. Il n'aurait pas besoin de parler, tant tout son être trahit l'impression qu'il reçoit lorsqu'il passe sur une source un peu considérable. D'instruments, il n'en a pas. Il n'inspecte pas le terrain ; il s'y promène, et c'est là tout.

Sa manière de se mettre en relation avec ceux qui ont besoin de lui est encore plus simple. Il habite tantôt un département, tantôt un autre, mais toujours une ville assez importante. Il s'empresse de se transporter sur les lieux, et sa présence est presque toujour suivie d'un bon résultat.

Il est à remarquer que, loin d'imiter certains de ses confrères en hydroscopie, quand il ne trouve rien, il n'exige rien, pas même ses frais de déplacement. Avions-nous tort de dire que c'est une véritable mission qu'il accomplit, et que son but est principalement de rendre service à l'humanité ?

Une telle conduite et de semblables façons d'agir, devaient naturellement amener le succès ; aussi, le succès ne s'est-il point fait attendre. Depuis près de six ans qu'Eugène DE VIC a quitté les champs paternels, sa réputation n'a fait que s'accroître et se confirmer. Nous éprouvons un véritable embarras à choisir au milieu des pièces nombreuses et des notes innombrables qu'il a bien voulu nous communiquer pour que nous puissions constater ses nombreux travaux, presque tous couronnés par la réussite.

Ce fut d'abord aux autorités qu'il s'adressa, afin d'obtenir en quelque sorte une consécration officielle de sa double vue. Nous ne répéterons pas tous les éloges que ce premier pas dans la carrière lui valut de tous côtés. Si la place ne nous manquait, nous raconterions volontiers à nos lecteurs les ébahissements du Recteur de la Faculté de Barcelonne (Espagne), Président d'une Commission nommée pour éprouver notre hydroscope, et dont toutes les innocentes ruses furent déjouées par l'infaillible perspicacité d'Eugène DE VIC. Nous pensons faire plaisir à nos lecteurs, en nous bornant à la reproduction du certificat suivant, émané de la municipalité du chef-lieu du département de l'Aude.

« Nous, soussignés, Maire de Carcassonne, et Membres du
« Conseil municipal, dont les noms suivent, déclarons avoir
« accompagné M. Eugène DE VIC, hydroscope, sur plusieurs
« sources connues de nous, et avoir été renseignés par lui sur
« la quantité d'eau et la profondeur desdites sources, confor-
« mément à ce qui existait, ainsi que sur d'autres sources,
« que des connaissances spéciales pouvaient seules faire décou-
« vrir.

« Certifions, en outre, que des expériences faites sur des
« choses connues de nous seulement ont été si nombreuses et
« si concluantes, que nous ne pouvons douter nullement de

« l'existence des sources à mettre à découvert et de la science
« extraordinaire de M. DE VIC.

  « En foi de quoi, nous lui avons délivré le présent pour lui
« servir et valoir ce que de droit.

  « Carcassonne, le 10 Janvier 1853.

  « Signés : *Le Maire, chevalier de la Légion d'honneur*, BOSC.

« *Les Conseillers municipaux*, CAZABEN aîné, A. CORNET, FAGES.

« *L'Architecte de la mairie de Carcassonne*, J. CAYROL.

> « Vu pour la légalisation de la signature de M. Bosc, Maire de
> « Carcassonne, apposée d'autre part :

  « Carcassonne, le 2 Avril 1853.

> « *Pour le Préfet en congé, le Secrétaire-général délégué*,

  « A. BELLOC. »

Vient ensuite l'expression de la reconnaissance des particuliers, et voici ce qu'écrivait l'un des principaux propriétaires de la commune de Pennautier (arrondissement de Carcassonne):

  « Je soussigné, propriétaire du domaine de Lalande, com-
» mune de Pennautier, arrondissement de Carcassonne (Aude),
» déclare que le 2 janvier 1853, M. Eugène DE VIC, hydros-
» cope, m'a désigné sur ledit domaine, dans une partie déjà
» explorée par un hydroscope célèbre, une source à 5 mètres
» de profondeur, et devant me donner un centimètre et demi
» d'eau, et que les fouilles auxquelles je me suis livré immé-
» diatement m'ont donné un résultat au-dessus de mes espé-
» rances. »

  » Lalande, 28 mars 1853.

> » Signé : Vte DE PUJOL.

> » Vu pour la légalisation de la signature du sieur Vte de Pujol,
> » apposée ci-dessus.

  » A Pennautier, le 31 mars 1853.

> » *Le Maire,*

> » Signé : E. LADER.

> » Vu pour la légalisation de la signature de M. Lader, maire
> » de Pennautier, apposée ci-dessus.

  » Carcassonne, ce 2 avril 1853.

> » Pour le Préfet en congé, le Secrétaire général délégué,

> » Signé : A. BELLOC. »

Il est à remarquer que c'est presque toujours là où d'autres hydroscopes ont failli, que M. DE VIC fait ses plus belles découvertes. Nous n'en voulons pour preuve, entre cent autres, que le certificat suivant, un peu prolixe peut-être, mais dont l'expression de vérité ne saurait être niée.

» Je soussigné, Hercule Théron, propriétaire et maître de
» poste, domicilié à Moux (Aude), certifie que M. DE VIC,
» hydroscope, de l'Aveyron, m'a indiqué dans un jardin
» nommé le Verger, une source de deux centimètres cube, à
» la profondeur de huit mètres; c'était le 7 mai 1853. J'ai fait
» commencer les fouilles le 24 septembre dernier, et, dans 6
» jours, arrivé à 6 mètres et demi de profondeur, la source in-
» diquée s'est trouvée si abondante, qu'elle débite dans douze
» heures douze mille litres d'eau salubre, beaucoup plus qu'il
» ne m'en faut pour les besoins de ma maison, l'abreuvage de
» trente chevaux et l'irrigation de mon jardin. Je certifie
» encore que ce jardin présente une surface nivelée et sans
» pente. Visité et exploré, il y a environ deux ans, par le
» célèbre hydroscope dont l'opinion sur la recherche des eaux
» souterraines est consignée dans l'*Encyclopédie moderne*,
» celui-ci m'avait déclaré que je n'avais dans ce jardin aucune
» source; et c'est précisément sur le point où une échelle
» avait été dressée pour qu'il pût examiner l'extérieur, au-
» dessus du mur de clôture, et là où il me donnait une ré-
» ponse négative, *que M. de Vic m'a dit de creuser,* et où l'eau
» s'est exactement trouvée. Je dois ajouter que dans un rayon
» de cent mètres autour de la source indiquée plusieurs puits
» très profonds avaient été creusés dans le temps, par mon
» père, par moi et par mes voisins, sans jamais trouver une
» source. En foi de quoi, je crois pouvoir prédire un bel ave-
» nir à ce jeune hydroscope.
» J'ai délivré le présent certificat pour rendre hommage au
» talent extraordinaire de M. DE VIC.
» Moux, le 11 octobre 1853.

      » Signés : THÉRON, Alexis BUDON, G. MILLIAGOU,
» G. TEISSEYRE, SOMAÏRAC, HUC, VIDAL, J. MAUMALLE.

» Vu et certifié véritable les attestations ci-dessus, ainsi que les signa-
» tures de M. Théron et de MM. les Conseillers municipaux de la
» commune de Moux :

      L'Adjoint au maire de Moux,

      » Signé : J. HUC.

» Pour légalisation de la signature de M. Huc, maire de Moux,
» apposée d'autre part.

» Carcassonne, le 15 octobre 1853.

 » *Le Conseiller de Préfecture, ppon. du Secrétaire général,*

      « Signé : LARREY. »

Enfin, un journal qui s'est acquis dans nos contrées une
grande popularité, le *Messager du Midi,* dans son numéro du
15 juillet 1854, mettait en ces termes le sceau à la renommée
de l'hydroscope aveyronnais :

» Aux premiers jours de juillet 1854, en présence de M. le
» Préfet de l'Hérault, de MM. le Maire et Adjoints de Mont-
» pellier, de l'Ingénieur et de l'Architecte de la même ville,
» et comme preuve de son aptitude spéciale, M. DE VIC a indi-
» qué une source, à 4 mètres de profondeur, pouvant aug-
» menter le volume de celle de St-Clément, venant au Peyrou.
» (C'est la seule qui alimente les nombreuses fontaines et les
» jets d'eau des promenades de la ville.) Des travaux ont été
» immédiatement exécutés sous les yeux des autorités dépar-
» tementales et locales. La fouille étant à peine arrivée à 3
» mètres de profondeur, la source s'est manifestée, bien qu'on
» n'eût guère creusé que le quart de la longueur que devait
» avoir la tranchée.

» Cette expérience, qui a pleinement réussi, n'avait d'autre
» but que de démontrer la sûreté des indications de M. DE
» VIC. »

Nous voici au terme de notre travail : nous croyons, en effet,
avoir prouvé, et tel était notre but, que si l'hydroscopie n'est
pas une science, elle est du moins un fait avéré, incontestable.
Quelles que soient les clameurs qui s'élèvent contre elle, elle
existe, et n'en continuera pas moins à rendre des services à
tous ceux qui auront le bon esprit de s'adresser à elle. L'ex-
plique qui pourra Ce n'est pas nous qui l'entreprendrons ;
nous aurions trop peur de rester au-dessous de notre tâche.
Qu'il nous suffise d'avoir fait partager notre conviction à quel-
ques-uns, et d'avoir servi à étendre ses bienfaits sur un plus
grand nombre.

HENRY DESPREZ.

Auch, Imp. de J.-A. PORTES.